内蒙古自治区地方标准

盐渍土地区公路养护维修技术规范

Technical Standard of Highway Maintenance in Saline Land Region

DB15/T 713—2014

主编单位：巴彦淖尔市公路管理局
批准部门：内蒙古自治区质量技术监督局
实施日期：2015 年 02 月 05 日

人民交通出版社股份有限公司

图书在版编目（CIP）数据

盐渍土地区公路养护维修技术规范：DB15/T 713—2014／巴彦淖尔市公路管理局主编. —北京：人民交通出版社股份有限公司，2015. 2

ISBN 978-7-114-12058-9

Ⅰ. ①盐… Ⅱ. ①巴… Ⅲ. ①盐渍土地区—公路养护—技术规范 Ⅳ. ①U418-65

中国版本图书馆 CIP 数据核字（2015）第 027921 号

标准类型：内蒙古自治区地方标准
标准名称：盐渍土地区公路养护维修技术规范
标准编号：DB15/T 713—2014
主编单位：巴彦淖尔市公路管理局
责任编辑：李 农
出版发行：人民交通出版社股份有限公司
地　　址：（100011）北京市朝阳区安定门外外馆斜街 3 号
网　　址：http：//www. ccpress. com. cn
销售电话：（010）59757973
总 经 销：人民交通出版社股份有限公司发行部
经　　销：各地新华书店
印　　刷：北京市密东印刷有限公司
开　　本：880×1230　1/16
印　　张：1. 5
字　　数：43 千
版　　次：2015 年 2 月　第 1 版
印　　次：2015 年 2 月　第 1 次印刷
书　　号：ISBN 978-7-114-12058-9
定　　价：20. 00 元

目　次

前言 …… Ⅲ
引言 …… Ⅳ
1　范围 …… 1
2　规范性引用文件 …… 1
3　术语和定义 …… 1
4　盐渍土分类 …… 2
5　公路主要病害 …… 3
6　公路勘察 …… 3
7　公路路基养护维修 …… 4
8　公路路面养护维修 …… 5
9　公路构造物养护维修 …… 6
10　公路环境保护 …… 7
附录 A(规范性附录)　盐渍土地区土(水)样检测表 …… 10
附录 B(规范性附录)　盐渍土地区公路病害路段现场勘察表 …… 11
附录 C(规范性附录)　不同区划绿化物种选择范围表 …… 12
附录 D(资料性附录)　条文说明 …… 13

前　　言

本标准按照 GB/T 1.1—2009 给出的规则起草。

本标准由内蒙古自治区交通运输厅提出并归口。

本标准由巴彦淖尔市公路管理局起草。

本标准主要起草人:秦建明、李勇、赵昌捷、李建忠、宋效军、刘博、刘勇、郝达巍。

引　言

随着公路事业的不断发展,盐渍土地区的公路里程不断增加,盐渍土对公路工程的危害日益突显,需要对盐渍土地区公路养护维修内容进行补充,以更好地满足盐渍土地区公路养护维修的需要。编制单位在交通部西部交通建设科技项目“盐渍土地区公路养护维修及环境保护技术研究”成果基础上,对盐渍土地区公路路基、路面、构造物的养护维修以及环境保护技术进行了较全面的研究总结,编制了《盐渍土地区公路养护维修技术规范》。

《盐渍土地区公路养护维修技术规范》由范围、规范性引用文件、术语和定义、盐渍土分类、盐渍土地区公路主要病害、公路勘察、路基养护维修、路面养护维修、构造物养护维修及盐渍土地区公路环境保护等10章和4个附录组成。

盐渍土地区公路养护维修技术规范

1 范围

本标准规定了盐渍土地区公路特殊病害(包括翻浆、淋溶、盐胀、构造物腐蚀)的养护维修技术,以及因公路的修筑和运营引起环境盐渍化病害的治理和环保技术。

本标准适用于内蒙古自治区盐渍土地区各等级公路养护维修工程。

2 规范性引用文件

下列文件对于本文件的应用是必不可少的。凡是注日期的引用文件,仅注日期的版本适用于本文件。凡是不注日期的引用文件,其最新版本(包括所有的修改单)适用于本文件。

JTG F10 公路路基施工技术规范

TB 10017 铁路工程水文勘测设计规范

JTG C20 公路工程地质勘察规范

JTG D30 公路路基设计规范

3 术语和定义

下列术语和定义适用于本文件。

3.1

盐渍土 saline soil

不同程度盐碱化土的总称。在公路工程中,一般指地表下1.0m内土中易溶盐含量平均大于0.3%的土。

3.2

盐胀 salt heaving

因土壤中盐分结晶或吸附水分而使土体膨胀,从而导致路基土疏松、多孔,承载能力下降,路表开裂松散、边坡松胀崩塌的病害现象。

3.3

淋溶(溶蚀) leaching(corrosion)

地表或地下水溶解盐渍土中的可溶盐,使土体结构疏松、搬移,路表产生坑洞、沟槽、裂缝的现象。

3.4

溶陷 melt sinking

地表或地下水溶解盐渍土中的可溶盐,盐类随水流转移他处,引起路基疏松下沉和路面塌陷的病害。

3.5

盐蚀 salt corrosion

土体中的易溶盐对组成公路构造物的水泥混凝土制品、黏土制品和金属制品等产生腐蚀的现象。

3.6

泛盐(积盐)指数 pan salt (salt accumulation) index

评价积盐对环境影响程度的指标,指泛盐区域面积与总面积的百分比。

3.7

纯盐道路　pure salt road

各结构层的填筑材料均为盐壳或含盐量大于50%的土,经拌和、摊铺、压实而形成的道路。

4　盐渍土分类

4.1　盐渍土按所含盐分种类的不同,分为氯化物盐渍土、硫酸盐渍土、硫酸盐氯化物盐渍土和碳酸盐渍土。

4.2　盐渍土按含盐性质分类见表1。

表1　盐渍土按含盐性质分类

盐渍土名称	离子含量比值	
	Cl^-/SO_4^{2-}	$CO_3^{2-}+HCO_3^-/\ Cl^-+SO_4^{2-}$
氯盐渍土	>2	—
亚氯盐渍土	1~2	—
亚硫酸盐渍土	0.3~<1.0	—
硫酸盐渍土	<0.3	—
碳酸盐渍土	—	>0.3
注:离子含量以1kg土中离子的毫摩尔数计(mmol/kg)。		

4.3　盐渍土按盐渍化程度分类见表2。

表2　盐渍土按盐渍化程度分类

盐渍土名称	土层的平均含盐量(以质量百分数计)	
	氯盐渍土及亚氯盐渍土	硫酸盐渍土及亚硫酸盐渍土
弱盐渍土	0.3~1.0	0.3~0.5
中盐渍土	1.0~5.0	0.5~2.0
强盐渍土	5.0~8.0	2.0~5.0
过盐渍土	>8.0	>5.0

4.4　盐渍土按盐类的溶解度分类见表3。

表3　盐渍土按盐类的溶解度分类

盐渍土名称	含 盐 成 分	溶解度(%,t=20℃)
易溶盐渍土	氯化钠($NaCl$)、氯化钾(KCl)、氯化钙($CaCl_2$)、硫酸钠(Na_2SO_4)、硫酸镁($MgSO_4$)、碳酸钠(Na_2CO_3)、碳酸氢钠($NaHCO_3$)等	9.6~42.7
中溶盐渍土	硫酸钙($CaSO_4$)、石膏($CaSO_4 \cdot H_2O$)	0.2
难溶盐渍土	碳酸钙($CaCO_3$)、碳酸镁($MgCO_3$)	0.001 4
注:盐的溶解度为100g水中能溶解该盐的克数。		

4.5 盐渍土按土的盐胀特性分类见表 4。

表 4 盐渍土按土的盐胀特性分类

盐胀分类	非盐胀性土	弱盐胀性土	盐胀性土	强盐胀性土
盐胀率 η(%)	$\eta \leqslant 1$	$1 < \eta \leqslant 3$	$3 < \eta \leqslant 6$	$\eta > 6$
硫酸钠含量 Z(%)	$Z \leqslant 0.5$	$0.5 < Z \leqslant 1.2$	$1.2 < Z \leqslant 3$	$Z > 3$
注 1:硫酸钠含量 Z(%)由土基或地表 0~1m 深易溶盐分析计算而得。 **注 2**:盐胀率受盐的种类、含盐量和土的特性影响而异,其指标值应通过实验室检测得出。				

5 公路主要病害

由于盐渍土含盐类型和含盐量的不同而造成的公路主要病害为:盐胀、翻浆、淋溶(溶蚀)、溶陷、盐蚀。

6 公路勘察

6.1 勘察的要求与内容

6.1.1 公路病害及环境破坏路段的资料收集。对已明显发生某种或某几种病害,或已发生环境破坏的路段,和具有发生病害及环境破坏趋势的路段,应首先收集原路段设计前的勘测资料、设计资料以及路段现状的勘测资料,收集的内容应符合 JTG C20 及 TB 10017,具体包括各类型盐渍土的分布范围、含盐特征、地下水、地面水及公路破坏状况、植物生长情况等。当收集的资料不能完整地反映公路病害及环境破坏路段的工程地质时,应根据规范补充勘察。

6.1.2 取公路两侧的原状土样或水样;每份土样不少于 100g,水样不少于 100mL。

6.1.3 取样试验检测的内容为:含盐量、含盐种类和密度。试验确定土样为细粒土构造,还应检测毛细水上升高度和速度。样品的保存及测试要根据现行有关规范规程的要求进行,样品记录表见附录 A。

6.1.4 勘测时用简洁精练的语言详细记录特殊病害路段路面状况、排水情况及周边环境状态,据此分析病害形成原因,并形成分析报告。调查记录表见附录 B。

6.2 勘察的方式

勘察可采用开挖探坑、取土样或水样检测以及路段路用性能、排水状况、环境情况调查的方式进行。

6.3 取样频率

取样时一般应符合相关规范要求,需要时视实际情况加密。同时满足下列要求。

6.3.1 对路面发生明显病害的路段,挖除破坏处面层及垫层后,自路基顶部往下 0cm、20cm、40cm、80cm 处取土样各 3 份,同一水平面的土样间隔不小于 20m。

6.3.2 对公路构造物明显发生盐蚀的路段,自构造物旁地表往下 0cm、20cm、50cm 处取土样各 3 份,同一水平面的土样间隔不小于 10m。

6.3.3 对边坡明显发生病害的路段,在典型边坡病害发生处地表往下 0cm、10cm、40cm 处取土样各 3 份,同一水平面的土样间隔不小于 50m。

6.3.4 对路侧明显发生环境破坏的路段,在公路两侧地表往下 0cm、20cm、40cm、80cm 处取土样各 3 份,位于公路同侧的同水平面土样间隔不小于 100m。

6.3.5 当路表、路侧、构造物旁或开挖后,有水浸泡时,取该处水样 1 份。

6.4 盐渍土地区公路路基、路面病害判定方法

6.4.1 判定盐渍土地区公路发生特殊病害或环境破坏可采用实地观察和检测并用的方式，常规的方式有公路各层界面盐碱晶体的观测、土壤含盐量测定、公路弯沉检测等。

6.4.2 盐渍土地区公路可根据发生特殊病害的表现形式来判定，方法如下：

6.4.2.1 当沥青混凝土路面发生严重网裂，有盐碱晶体积聚现象或测定裂缝处土样含盐量大于0.3%时，判定为盐渍化的特殊病害。

6.4.2.2 当沥青混凝土路面平整度较差、严重变形，有翻浆、拥包、裂缝、波浪、车辙、坑槽、松散、沉陷等路面病害，土样测定含盐量大于0.3%时，判定该路段病害为盐渍土导致的特殊病害。

6.4.2.3 当水泥混凝土路面有拱起、破碎板、裂缝、板角断裂、错台、唧泥、边角剥落、坑洞、接缝料损坏、露骨等路面病害出现，土样测定含盐量大于0.3%时，判定该路段病害为盐渍土导致的特殊病害。

6.4.3 纯盐道路路面排水不畅，出现坑槽、车辙、沉陷、溶洞等严重病害时，判定为盐渍化的特殊病害。

7 公路路基养护维修

7.1 换土法。用于路基受盐渍化严重破坏，且盐渍土层较薄的局部路段。在公路大修时将盐渍土层铲除，在做好防止回填土次生盐渍化的隔盐措施后，换填合格的筑路材料，铲除深度由试验确定。若盐渍土层或次生盐渍土层过厚，铲除部分土料后设置封闭隔水层，隔水层深度宜在路床顶面以下80cm处，隔水层材料可采用3cm厚沥青砂胶或高压聚乙烯防渗膜、防水土工布、涂膜编织袋等。施工应符合JTG F10的有关规定。

7.2 化学处治法。对盐渍土层较薄，且土层次生盐渍化程度较低的以硫酸盐为主的盐渍土路段，采用氯化钙与易溶硫酸盐进行中和，清除易溶硫酸盐，治理路基盐胀病害。

7.3 盐化法。用于盐渍化程度较高的低等级公路，如纯盐道路、砂石或砂砾公路。将发生病害的路面刨松，按路拱需求补入打碎的盐壳，压实后喷洒饱和盐水，形成具有一定厚度、渗透性小的饱和盐土层，待水分挥发，将回填料固结后开放交通。

7.4 路基结构加固法。对高等级路面公路的局部病害或大中修的路段，采用土工格栅、土工织物等土工合成材料对路基进行加固。施工应符合JTG F10的有关规定。

7.5 缓冲层设置法。用于以硫酸盐为主的盐胀病害多发路段。在路面结构层或路床顶面下铺设一层5cm~10cm厚的卵石层。缓冲层的设计、施工应符合JTG D30和JTG F10的有关规定。

7.6 水分隔断法。隔断地表和地下水分对路基、路面各结构层的侵入，避免次生盐渍化或盐分在路基、路面结构层局部的结晶。

7.6.1 公路进行大中修时，对原路排水不畅者要进行改善。根据路面类型和当地自然条件确定，路面横坡度不应小于2%，路肩横坡度不应小于2.5%，边沟纵坡不应小于0.5%。

7.6.2 对高等级路面，在面层整体或伸缩缝(水泥混凝土路面)、薄弱路段(局部软弱或地下水位较高等路段)以下，可采取灌缝、沥青或渣油处治类密封层、防水土工布封层、高密实稳定土基层等下渗水的隔断措施。沥青混凝土面层应采用密级配结构。

7.6.3 对低等级路面，如沥青表处或砂石路面，可采取沥青或渣油处治类密封层、防水土工布封层、密级配设置、高压实度及足够的横坡设置等隔断下渗水的措施。

7.6.4 路面与路肩之间铺设外倾的防水土工布；路肩设置2%外倾的横坡；当路肩填料为硫酸盐或亚硫酸盐土时，路肩与边坡进行加固硬化处理。

7.7 对地下水位较高、土层次生盐渍化严重的盐渍土路段，可采取以下措施。

7.7.1 提高路基填筑高度。宜用于多次维修无明显改善效果的病害多发路段。施工应符合JTG F10的有关规定。

7.7.2 设置毛细水隔断层。对缺乏天然砂石、风积沙等材料的地区,或对路面高程有严格要求而无法设置天然砂石、风积沙等隔断层的路段,或对隔断水分有特殊要求的部位,且路基填土毛细现象严重的病害多发路段,在路床顶面以下 40cm~70cm 处,可设置沥青、防水土工布等密封类隔断层。隔断层底面应高出边沟积水水面 25cm。设置毛细水隔断层方式,可根据路线所经地段的具体情况确定;其设置厚度可根据毛细现象在不同材料中的作用高度经试验确定。

7.8 路基含水率较大时,可根据实际情况采取打石灰桩或砂桩进行处理,深度达到冰冻线以下,梅花状排列。

7.9 排水体系养护与修缮。应加强道路排水设施的维护,使排水设施与自然排水体系有机联系,以尽快排除降水使边沟内无积水。排水困难路段,应加宽加深边沟或在边沟外增设横向排水沟,其间距应小于 500m,排水沟底应设向外倾斜 2%~3%的纵坡或在路侧 20m 以外设置蒸发池。日常养护要经常检查桥孔、涵洞的泄水性能,尤其在雨季前或雨后进行。如有水毁时要及时维修,阻塞时及时排除,保持排水设施的通畅。新增排水设施时,其设计、施工应符合 JTG D30 和 JTG F10 的有关规定。

8 公路路面养护维修

8.1 沥青路面处理方法

8.1.1 裂缝修补。对于因易溶盐的侵蚀作用产生裂缝(缝宽大于 0.5mm)的沥青路面,应及时修补裂缝。施工步骤为扩缝—清缝—清洗—干燥—灌缝—撒砂或填充沥青混合料。清洗时要采用清洁水,将盐晶清除干净,必要时可重复清洗。

8.1.2 封层养护。适用于因易溶盐的侵蚀作用产生网裂或破损的沥青路面,视实际情况可采用不同的封层方式。施工工序为清扫路面—面层除盐—封层施工—养护,施工应符合现行的相关规范。

8.1.3 面层除盐。

8.1.3.1 水洗法。用清洁水高压冲洗干净。适用于无裂缝路面。

8.1.3.2 机械清除法。清除盐分后将路面清扫干净。

8.1.4 铣刨法。因盐胀引起局部拥包的沥青混凝土路面,可采用铣刨机铣平。

8.1.5 挖补法。适用于因盐胀作用导致局部损害严重的沥青混凝土路面。主要施工工序为开槽—凿除—清扫—洒黏层油—槽边涂刷沥青—拌料—摊铺—碾压—整修。施工应符合现行相关规范。

8.2 水泥路面处理方法

8.2.1 裂缝修补。对水泥混凝土路面因易溶盐侵蚀作用产生的裂缝,应及时修补。修补时首先必须清除盐分,非扩展性裂缝用低黏性沥青或环氧树脂等灌注;扩展性裂缝应沿裂缝凿槽,注入灌缝材料。施工应符合现行相关规范。

8.2.2 接缝修补。对水泥混凝土路面接缝(胀缝和缩缝)因易溶盐的侵蚀破坏,先用小凿凿除破坏部分,并清除旧填缝料和杂物,再用吹尘器将缝内灰土吹干净,然后注入灌缝材料。施工应符合现行相关规范。

8.2.2.1 加热式填缝料。将填缝料加热至灌入温度,滤去杂物,倒入填缝机内即可填缝。填缝材料主要有聚氯乙烯胶泥类、橡胶沥青类等。

8.2.2.2 常温式填缝料。其方法与加热式填缝料相同。填缝材料主要有聚氨酯焦油类、聚氨酯类、聚氨酯沥青等。

8.2.3 灌浆补强法。可用于因易溶盐的侵蚀作用导致面层板下局部空隙、空洞,但面层尚未出现断裂等结构性破坏的水泥混凝土路面。在病害路面上钻孔至脱空部位,将配置好的浆液使用专用的压浆设备压入脱空区。施工应符合现行相关规范。

8.2.4 局部换填复面补强法。可用于因易溶盐的侵蚀作用导致面层板下局部脱空,面层已出现局部碎裂破坏的水泥混凝土路面。使用切割机具将已损坏的路面切除(锯切面距碎裂区边缘至少 20cm),彻底清除下部已松动的材料,处理好下承层,恢复水泥混凝土面层。新浇筑的混凝土强度不小于原混凝土的强度。施工应符合现行相关规范。

8.2.5 拱起的修补。可用于面板因下层盐胀导致的拱起。修补时首先切开拱起端,释放其应力,清除盐分,处理好下承层,恢复面板,接缝按 8.2.2 修补。施工应符合现行相关规范。

8.2.6 错台的修补。可根据易溶盐的侵蚀作用导致的错台种类,选用以下方法(在修补时首先必须清除盐分):

8.2.6.1 机械磨平法。宜用于轻微错台的修补。

8.2.6.2 沥青砂或密级配沥青混凝土罩面法。适用于一定范围内多处错台的路段,进行找平处理。

9 公路构造物养护维修

9.1 构造物被易溶盐侵蚀的判定方式

9.1.1 混凝土构造物保护层脱落,集料或矿料外露、泛白,轻敲即溃,甚至结构整体酥脆。

9.1.2 钢筋混凝土体积膨胀、钢筋外露,导致混凝土表面产生顺筋开裂,保护层剥落,裂缝边缘产生锈迹及白色的盐结晶物析出。

9.1.3 圬工砌体表面剥落,明显凹陷,甚至酥松变脆、碎落成块,轻触即溃,并有白色的盐结晶物析出。

9.1.4 金属制品表面锈蚀严重。

9.2 病害混凝土的处理

9.2.1 凿除法。腐蚀严重部位,凿除混凝土构造物的腐蚀部位直至混凝土无空洞、不再脱落,露出新鲜的混凝土。

9.2.2 表面打磨或喷砂处理法。用电动或气动打磨工具,或使用喷砂设备,除去腐蚀混凝土。

9.2.3 化学处理法。用压缩空气吹净,必要时使用真空吸尘器吸尘;用清水冲洗或采用酸浸蚀液处理腐蚀面。用 10%~15%的盐酸浸蚀液清洗受腐蚀混凝土表面,待反应完全后(不再产生气泡),用刷子反复刷洗,直至露出新鲜混凝土,然后用清水冲洗干净。

9.2.4 受蚀钢筋的除锈和表面处治。

9.2.4.1 小面积锈斑可采用手持式除锈机或传统手工方法清除。

9.2.4.2 采取喷砂方式除锈。

9.2.4.3 除锈完成后,干燥状态下,在钢筋表面涂刷防腐层。

9.3 构造物的修补

9.3.1 根据混凝土受蚀程度的不同,构造物的修补可分为四个不同等级:①表层受蚀,②浅层受蚀,③深层受蚀,④内筋受蚀。

9.3.2 针对公路构造物的不同腐蚀级别,根据表 5 确定防腐材料和修复方案。

表 5 构造物受蚀程度评定及修复方案表

受蚀情况评定标准	受蚀程度	修复材料	修复方式	修复质量要求
混凝土表面无明显剥落	表层受蚀	防腐涂料	刷子涂抹	涂抹均匀,表面封闭,气孔用涂料填平
混凝土表面有腐蚀,剥落平均深度小于 3cm	浅层受蚀	防腐砂浆+防腐涂料	抹灰板抹浆	凿除松动混凝土,防腐砂浆与原混凝土结合紧密,剥落层被填平。涂抹防腐涂料,要求同上

表5(续)

受蚀情况评定标准	受蚀程度	修复材料	修复方式	修复质量要求
混凝土表面腐蚀,剥落平均深度大于3cm	深层受蚀	防腐混凝土+防腐涂料	设钢模灌注	凿除松动混凝土,钢筋除锈并涂抹涂料。 用防腐混凝土修补后,涂抹防腐涂料,要求同上
混凝土表面腐蚀、剥落,钢筋裸露	内筋受蚀	钢筋+防腐混凝土+防腐涂料	设钢模灌注	凿除松动混凝土,钢筋除锈,并在内侧焊接加强钢筋,涂抹涂料。用防腐混凝土修补后,涂抹防腐涂料,要求同上

9.3.3 防腐涂料及施工工艺。

9.3.3.1 防腐涂料可用化学防腐涂料或石油沥青,涂刷在砂浆和水泥混凝土等表面。对新建工程构造物,应在施工过程中进行涂层保护;对已受蚀的构造物的涂层,应清除受蚀部分后再进行。

9.3.3.2 化学防腐涂料应根据产品说明书进行配制,符合指标要求后方可使用;也可采用标号90、110或130的石油沥青。

9.3.3.3 涂层部位选择。桥涵构造物下部结构以及公路沿线的水泥混凝土、钢筋混凝土、金属构件等设施(如:道口柱、防撞墩、指路指示标志等)易受盐碱侵蚀的部位;冬季撒盐除雪路段上的构造物(如:防撞墙、护栏、人行道和中央分隔带预制件、路缘石等)易受侵蚀的部位,均应涂刷防腐涂料。涂层应做到整齐划一。

9.3.3.4 施工工艺。可用喷涂设备或刷子喷刷,达到规定的厚度要求(一般喷刷3次),喷刷要均匀,前后喷刷搭接部分的宽度宜控制在5cm左右,搭接要紧密,使喷刷的表面形成致密、封闭、平整的涂层面。后一次喷刷待前一次喷刷的涂料(或沥青)基本干燥后进行。

9.3.4 防腐砂浆及施工工艺。

9.3.4.1 腐蚀厚度在3cm以内或混凝土表层脱落的构造物可用防腐砂浆修补。

9.3.4.2 防腐砂浆应根据产品说明书进行配制,符合指标要求后方可使用。

9.3.4.3 施工工艺。用配制好的防腐砂浆及时对潮湿的受蚀表面进行抹浆修补。要求修补后的构件表面光洁,砂浆与修补面结合紧密,不脱落。涂抹厚度较大时,可分多次薄层涂抹,以防止出现裂缝或砂浆坠落。修补表面尽量与原构造外形一致,并及时进行养护。

9.3.5 防腐水泥混凝土及施工工艺。

9.3.5.1 腐蚀厚度在3cm以上或混凝土表层脱落的构造物可用防腐混凝土修补。

9.3.5.2 防腐水泥混凝土应根据产品说明书进行配制,符合指标要求后方可使用。

9.3.5.3 施工工艺。对已腐蚀构造物的修补,需要借助钢模进行浇筑,将配制好的混凝土直接注入模具内,自流平密实成型即可,等混凝土凝固后,拆模养护。施工应符合现行相关规范。

9.3.5.4 浇筑混凝土前应在混凝土表面刷一层防腐胶结剂,使新旧混凝土更好地黏结。

10 公路环境保护

10.1 盐渍土地区公路环境保护措施

10.1.1 公路养护大中修工程的环境保护措施

10.1.1.1 项目设计阶段

10.1.1.1.1 应充分考虑盐渍土的特殊性,重点考虑路基的填土高度,防水、防渗措施以及取土、弃土场地不要影响排水畅通,完工后应做好植被恢复工作,避免因公路的修建而造成公路两侧局部积盐。

10.1.1.1.2 排水设计应切实将流经公路两侧的地面水排除,使公路两侧无积水,从而保证公路路基的稳定及避免公路两侧盐碱聚积现象。

10.1.1.1.3　要进行桥涵构造物的防腐和环境保护设计。

10.1.1.2　项目实施阶段的保护措施

10.1.1.2.1　严格按照工程设计要求施工,应避免在公路两侧取土,应避免弃土造成公路两侧积水和随意弃土。

10.1.1.2.2　工程施工应严格按照环境保护相关规范进行,尽量保护地表植物不受破坏。

10.1.1.2.3　工程完工后,应恢复施工便道、取弃土场、拌和场地、堆料场地、生活场地、生产场地等临时设施的植被,以减少对盐渍土地区生态环境的损坏。

10.1.2　公路日常养护阶段的保护措施

10.1.2.1　边坡工程防护

10.1.2.1.1　草泥防护。可用长度小于 10cm 的麦秸或麦杈与黏土按体积 1∶1 的比例拌和均匀,加水闷 2h 左右,消除夹生土块,使用之前再反复拌和 4 遍,使草泥完全拌和均匀。按 10cm 厚均匀摊铺于坡面上,拍实,抹平表面。待草泥干后,上面洒一层黏土将个别裂缝填平。

10.1.2.1.2　素灰土防护。可用大于 6%的石灰与黏土拌和均匀,洒水闷 2h 左右,按 10cm 厚均匀摊铺于坡面上,拍实,将表面整理平顺。

10.1.2.1.3　卵石防护。可用直径 10cm～30cm 的卵石在边坡坡脚做一段宽 30cm 的简易护脚,高度以边坡坡度大小及防止卵石下滑来确定。将直径小于 10cm 的卵石按 10cm 厚均匀摊铺于坡面上,整理平顺后,上面撒一层黏土填平缝隙。

10.1.2.2　边坡植物防护

10.1.2.2.1　枳芨护坡。从坡脚开始分层往上铺设,每层铺设时,将长 50cm 的枳芨上端 10cm～15cm 压入土中 5cm 深,两层枳芨搭接长度 10cm～15cm。最后一层枳芨与路缘石衔接处用草泥压实并抹平(宽为 30cm)。

10.1.2.2.2　"植生袋"边坡防护。植生袋尺寸 70cm×40cm,袋内添加风沙土、营养土和少量保水剂,顺边坡交错码砌。植生袋上打穴,穴播植物种子,每穴 3 粒～5 粒,穴播深度 3cm～5cm,并覆土。适宜草籽见附录 C。

10.1.2.2.3　土工布覆盖法边坡防护。在处理后的自然边坡上覆盖营养土和保水剂并均匀搅拌,铺设厚度 10cm。然后用土工布覆盖,并用竹签加以固定,并且按预定规格(株行距为 0.5m×1.5m)打孔进行穴播,每穴 2 粒～3 粒种子,覆土即可。适宜草籽见附录 C。

10.1.2.2.4　"土工格室法"边坡防护技术。在处理后的自然边坡上平铺土工格室,格室内填入当地的植生土,并加入少量保水剂,直接进行植物播种。适宜草籽见附录 C。

10.1.2.2.5　草灌混播。可采用灌木、草本植物混合栽植进行边坡防护。播种植物后要注意经常浇水,保持土地湿润以利发芽、生长。浇水时应采用合适的方法避免冲刷边坡。另外,还需适当施肥并做好病虫害的防治工作(条文说明见附录 D)。

10.1.2.2.6　喷播植草边坡防护。施工工艺流程:清理坡面—喷播草种—养护管理。

10.1.2.2.6.1　清理坡面。清理坡面上的垃圾、碎石等。在坡面上沿路线方向挖水平沟,水平沟间距 15cm,沟深 5cm,给植物生根定植、生长和发育提供条件。

10.1.2.2.6.2　喷播草种。将草籽(按 $25g/m^2$ 左右喷播)、纤维、肥料、覆盖料、土壤稳定剂与水按一定比例混合均匀后,用喷播机均匀喷洒于坡面上。喷播完成后及时覆盖无纺布,以保持坡面水分并减少降雨对种子的冲刷,以保证出苗率。

10.1.2.2.6.3　养护管理。与草灌混播相同。

10.1.3 盐碱土壤改良措施

10.1.3.1 淋洗改良盐碱地。盐渍土地区公路准备进行植物防护的边坡或两侧的绿化带用地,可用水淋洗土壤,使土壤表层盐分减少。高路基路段淋洗时应注意防止排水流入农田内。

10.1.3.2 灌溉淋盐。在有季节性返盐现象的盐渍土地区路段,在公路两侧绿化植物灌溉中,适当增加灌水量,使部分水量通过土层下渗淋洗土壤盐分。浇水量和淋洗时期的选择应根据不同区域实际情况而定。

10.1.3.3 换土压碱。可采用含盐量小于0.3%的(如风积沙等)土进行换土覆盖,厚度不小于30cm。

10.1.3.4 合理种植。在盐碱路段合理种植耐盐碱性较强的草灌木植物,可起到改良盐碱土壤的作用。

10.1.4 不同盐渍化环境下的适宜绿化植物选择

见附录C。

附　录　A
（规范性附录）
盐渍土地区土（水）样检测表

表 A.1　盐渍土地区土（水）样检测表

样号	水　　样		土　　样						
	含盐量	盐种类	液限	塑限	含水率	含盐量	盐种类	密度	颗粒组成

注 1：土样为细粒土时测定液限和塑限两个项目，土样为其他类型的土时无须测定液塑限。
注 2：盐种类用易溶盐的分子式表示。
注 3：路段病害严重时，在最不利季节取得细粒土样，将其毛细水上升高度和上升速度列入检测项目。

附 录 B
（规范性附录）
盐渍土地区公路病害路段现场勘察表

表 B.1 盐渍土地区公路病害路段现场勘察表

<table>
<tr><th colspan="2">病害路段桩号</th><th rowspan="2">公路类型</th><th rowspan="2">公路等级</th><th rowspan="2">病害类型</th><th rowspan="2">病害状况描述</th><th colspan="4">服务情况描述</th><th colspan="5">取样记录</th></tr>
<tr><th>起始</th><th>终止</th><th>地下排水体系</th><th>地表排水体系</th><th>路侧环境</th><th>其他</th><th>样号</th><th>类型</th><th>路侧</th><th>水平位置</th><th>深度</th></tr>
<tr><td></td><td></td><td></td><td></td><td></td><td></td><td></td><td></td><td></td><td></td><td></td><td></td><td></td><td></td><td></td></tr>
<tr><td></td><td></td><td></td><td></td><td></td><td></td><td></td><td></td><td></td><td></td><td></td><td></td><td></td><td></td><td></td></tr>
<tr><td></td><td></td><td></td><td></td><td></td><td></td><td></td><td></td><td></td><td></td><td></td><td></td><td></td><td></td><td></td></tr>
<tr><td></td><td></td><td></td><td></td><td></td><td></td><td></td><td></td><td></td><td></td><td></td><td></td><td></td><td></td><td></td></tr>
<tr><td></td><td></td><td></td><td></td><td></td><td></td><td></td><td></td><td></td><td></td><td></td><td></td><td></td><td></td><td></td></tr>
<tr><td></td><td></td><td></td><td></td><td></td><td></td><td></td><td></td><td></td><td></td><td></td><td></td><td></td><td></td><td></td></tr>
<tr><td></td><td></td><td></td><td></td><td></td><td></td><td></td><td></td><td></td><td></td><td></td><td></td><td></td><td></td><td></td></tr>
<tr><td></td><td></td><td></td><td></td><td></td><td></td><td></td><td></td><td></td><td></td><td></td><td></td><td></td><td></td><td></td></tr>
<tr><td></td><td></td><td></td><td></td><td></td><td></td><td></td><td></td><td></td><td></td><td></td><td></td><td></td><td></td><td></td></tr>
<tr><td></td><td></td><td></td><td></td><td></td><td></td><td></td><td></td><td></td><td></td><td></td><td></td><td></td><td></td><td></td></tr>
<tr><td></td><td></td><td></td><td></td><td></td><td></td><td></td><td></td><td></td><td></td><td></td><td></td><td></td><td></td><td></td></tr>
<tr><td></td><td></td><td></td><td></td><td></td><td></td><td></td><td></td><td></td><td></td><td></td><td></td><td></td><td></td><td></td></tr>
</table>

注 1：公路类型一栏用序号①②③④填写，各序号分别表示为纯盐道路、砂石公路、沥青混凝土公路、水泥混凝土公路。

注 2：病害类型一栏用序号①②③填写，各序号分别表示为公路损坏（包括面层、基层）、构造物受蚀、环境破坏。

注 3：病害状况描述一栏，用简洁、专业的语言描述公路病害的表现情况。

注 4：服务情况描述一栏，用简洁、专业的语言描述病害表现情况之外的公路使用情况；其中“路侧环境”一栏包括微地形、地貌、水文情况、植被覆盖情况等；路段破坏严重时，可在最不利季节检测地下水位高度，并列入表格。

注 5：类型一栏用序号①②填写，各序号分别表示为土样、水样。

注 6：水平位置一栏需叙述清楚取样点的水平位置，例如：距路肩边缘 1m 的边坡处。

附 录 C
(规范性附录)
不同区划绿化物种选择范围表

表 C.1 半干旱区绿化物种选择范围表

种类	植物
乔木	胡杨,灰胡杨,二白杨,新疆杨,白柳,小叶白蜡,紫杆柽柳,山川柽柳,长穗柽柳,刚毛柽柳,多花柽柳,多枝柽柳,沙生柽柳,短毛树柳,梭梭,银白杨,毛白杨,小叶杨,群众杨,白榆,沙枣,山杏,刺槐,柽柳,甘蒙柽柳
灌木	金塔柽柳,异花柽柳,短穗柽柳,细穗柽柳,斑子麻黄,花序水柏枝,枸杞,疏花蔷薇,绵刺,银沙槐,盐豆木,盐节木,盐穗木,盐生假木贼,野扁桃,木本猪毛菜,细枝岩黄芪,甘青铁线莲,琵琶柴,沙棘,小檗,黄芦木,黄刺玫,尖刺蔷薇,柄扁桃,大白刺,棘豆,北沙柳,四翅滨藜,千头柏,木地肤,霸王,火炬树,酸枣,珍珠猪毛菜,柠条锦鸡儿
草本	荒漠风毛菊,星星草,无芒雀麦,苏丹草,紫花苜蓿,草木樨,红豆草,毛叶苕子,沙打旺,碱蓬,酸模,高冰草,单叶黄花,甘草,苦马豆,披针叶黄华,芨芨草,拂子茅,细茎披碱草,老芒麦,羊茅,野大麦,羊草,赖草,早熟禾,碱茅,碱韭,补血草,罗布麻,猪毛菜,地肤,藜,盐爪爪,骆驼蓬

表 C.2 干旱区绿化物种选择范围表

种类	植物
乔木	胡杨,灰胡杨,二白杨,新疆杨,白柳,小叶白蜡,白梭梭,梭梭,大果沙棘,新疆野苹果,紫杆柽柳,山川柽柳,长穗柽柳,刚毛柽柳,多花柽柳,多枝柽柳,沙生柽柳,短毛树柳
灌木	金塔柽柳,异花柽柳,短穗柽柳,细穗柽柳,斑子麻黄,花序水柏枝,枸杞,疏花蔷薇,绵刺,银沙槐,盐豆木,盐节木,盐穗木,盐生假木贼,野扁桃,木本猪毛菜,细枝岩黄芪,甘青铁线莲,四翅滨藜
草本	花花柴,鸦葱,蒙古鸦葱,苦豆子,骆驼刺,草甸羊茅,大赖草,冷地早熟禾,扁杆早熟禾,扁蓄,白麻,中亚滨藜,盐角草,山菠菜

附　录　D
(资料性附录)
条文说明

D.1　术语和定义

D.1.1　对本规范 3.1 节盐渍土定义的说明。国内外有关盐渍土含盐量和含盐类别标准不同。例如:前苏联曾规定,当土中易溶盐的含量超过 0.5%或中溶盐含量超过 5%时,称为盐渍土;我国原铁道部则沿用易溶盐含量达 0.5%作为盐渍土的界限标准;1986 年,我国交通系统对盐渍土含易溶盐量的界限规定为 0.3%。

D.1.2　对本规范 3.4 节溶陷定义的解释。盐渍土地区公路土基或结构层中的易溶盐吸收外界的水分或释放其本身固化的水分,使得该层含水率增大,承载能力降低,从而在外荷载作用下产生的下陷现象。

D.1.3　对本规范 3.5 节盐蚀定义的解释。土体中的易溶盐与构成公路构造物的水泥混凝土制品、黏土制品和金属制品的分子发生化学反应,生成新的分子,从而造成这些构造物强度下降乃至于破坏的理化进程。

D.1.4　对本规范 3.7 节纯盐道路定义的说明。纯盐道路是指盐渍土地区常见的低等级道路,在国内分布于面积十分广大的重盐渍土地区。

D.2　公路主要病害

D.2.1　盐胀:氯盐、硫酸盐的盐渍土,在降温时都会吸水结晶,体积增大,使路基土体膨胀,导致路面部分开裂凸起。气温升高时盐类脱水,体积变小,导致路基土质疏松。路面变形较大部分在车辆重力作用下,出现面层开裂松散,如不及时处理很快形成坑槽。

D.2.2　溶蚀(淋溶):地表或地下水对盐渍土中可溶盐的溶解,在水位的变化过程中,盐类随着水流而转移他处,引起路基疏松下沉和路面塌陷。

D.2.3　翻浆:黏性盐渍土路段经冬天冻胀后,在春天由上而下的逐步消融过程中最容易产生路面翻浆,其原因主要是黏性盐渍土颗粒小、渗透性差、含水率大,路基内形成泥浆,在车辆的碾压作用下,泥浆被挤出路面,形成翻浆。

D.2.4　溶陷:由于盐碱的表聚性、公路边坡表面受盐分侵蚀形成膨胀、松散,干状的粉性土质,很容易被风吹走,遇有雨水也能造成大量的边坡土流失,中、大雨经常造成冲毁路基的严重事件。每年要进行大量的边坡补土,给公路养护造成很大困难。

D.2.5　盐蚀:盐渍土含盐量过高时,对混凝土及钢筋具有强烈的腐蚀性,表现形式为混凝土表层被侵蚀,钢筋锈斑脱皮。同时由于盐胀作用,也会对桥涵地基造成一定程度的损害,缩短桥涵的使用寿命。

D.3　公路勘察

D.3.1　勘察的要求与内容

对本规范 6.1.1 条公路病害及环境破坏路段的资料收集的说明。凡产生因盐渍土而导致的特殊公路病害或环境病害,为了有针对性地制订公路病害及环境整治方案,除进行常规勘测外,尚应对路段进行有关盐渍土的特殊勘测与资料的收集、整理与分析。收集资料过程中应当特别注重以下方面资料的收集:气象资料、盐渍土的类型、分布范围、含盐特征、地下水和地表水循环情况,构造物破坏状况,周边植物生长情况、公路周边工农业用水状况等。

D.3.2 取样频率

通常由于水的影响,地表盐分变化较大,取样分析以后的代表性不强。地表以下 20cm 处盐分相对较为稳定,80cm 以后盐分对公路结构的影响渐渐减少。通常认为,土面以下 20cm~80cm 土体中的盐渍特性对公路工程影响最大。其中,毛细水上升高度和速度两项可根据病害情况确定是否需要检测。一般情况下,当病害路段屡修屡坏时,在最不利季节应取样检测。

D.3.3 盐渍土地区公路路基、路面病害判定方法

对本规范 6.4.1 条的说明。弯沉值是一个条件标准,随着含水率的变化,弯沉变异极大。在盐渍土地区公路检测弯沉时,应特别注意这一条件的变化。

D.4 公路路基养护维修

D.4.1 对本规范 7.7.1 条提高路基填筑高度的说明。有些盐渍土地区地下水位较高,路堤除了有再生盐渍化的问题外,还有冻胀和翻浆的危害,为使路堤不受再盐渍化的影响,应控制路堤高程到不再盐渍化的最小高度。这样的高度使路基不再盐渍化的同时也使地面水流和降雨引起的地面漫流不会长时间停留在路基上部,从而保证了路基的承载能力。

路堤最小高度一般按下式计算:

$$h \geqslant h_1 + h_2 + h_c + h_k$$

式中:h——最低路肩设计高程(m);

h_1——冻前地下水位高程(m);

h_2——毛细水强烈上升高度(m);

h_c——临界冻结深度(m);

h_k——安全高度值(m),一般采用 0.5m。

D.4.2 对本规范 7.7.2 条设置毛细水隔断层的说明。只有在进行公路养护大中修工程,各结构层均发生了变动时,才采取这一措施。在盐渍土地区,采用适当提高路基并加厚砂砾垫层的方法,以隔段毛细水盐分上升析出,可取得良好效果。为了避免冻害及地下水的影响,也可采取粗砾石、卵石提高路基的方式。过干、干旱和半干旱地区盐渍土路基边缘高出地面、长期地下水位最小高度见表 D.1 和表 D.2。

表 D.1 过干、干旱和半干旱地区盐渍土路基边缘高出地面最小高度

路基土名称	路基边缘高出地面最小高度(m)	
	Ⅵ Ⅶ1 Ⅶ2 Ⅶ4 Ⅶ6 区	Ⅱ3 Ⅱ4 Ⅲ Ⅶ3 Ⅶ6 区
中砂、细砂	0.3~0.4	0.5~0.7
极细砂、砂性土	0.4~0.5	0.7~0.8
黏性土	0.5~0.7	0.8~0.9
粉性土	0.7~1.0	0.9~1.3

表 D.2　干旱、半干旱地区盐渍土路基边缘高出长期地下水位最小高度

路基土名称	路基边缘高出地面最小高度(m)	
	弱盐渍土和中盐渍土	强盐渍土
中砂、细砂	1.0~1.2	1.1~1.3
极细砂、砂性土	1.3~1.7	1.4~1.8
黏性土	1.8~2.3	2.0~2.5
粉性土	2.1~2.6	2.3~2.8

D.5　公路路面养护维修

对本规范 8.1.1 条裂缝修补的说明。如果裂缝不予修补,降雨或地面水会顺裂缝渗入道路结构层内,造成各种各样的路面病害,盐渍土地区因为盐与水的亲和作用(如水对盐晶的冲洗而造成的淋溶,水与硫酸盐结合而产生的盐胀等)而尤甚。裂缝修补也是盐渍土地区公路早期预防性养护的必要措施。

D.6　公路构造物养护维修

D.6.1　构造物的修补

D.6.1.1　防腐涂料及施工工艺

D.6.1.1.1　对本规范 9.3.3.2 条的说明。推荐使用《盐渍土地区公路养护维修及环境保护技术研究》项目研发的专利产品"混凝土用养护保护一体化涂层结构"。按产品说明配置使用即可。

D.6.1.1.2　对本规范 9.3.3.3 涂层部位选择的说明。对于用作排除含盐碱污水的桥梁和板涵的桩柱和墙身,涂层高度可从渠底或涵底向上至流水位线以上 50cm(高度不够 50cm 的全涂);对于用作泄洪的桥梁、板涵或互通式立交桥的桩柱或墙身,公路沿线的水泥混凝土、钢筋混凝土、金属构件等设施,涂层高度从露出地表向上 50cm 即可;圆管涵应全部涂刷;冬季撒盐除雪路段上的构造物从底部向上涂层 50cm(高度不够 50cm 的全涂)。有条件的养护单位在进行防腐涂层养护时,可将埋置于土中的构造物或构件部分下挖 50cm~100cm 进行涂层处理(高度不够 50cm 的全涂),防腐效果将更好。出于美观考虑,石油沥青涂层部位应选择桥涵构造物下部结构或公路沿线的水泥混凝土、钢筋混凝土、金属构件等设施埋置于土中的部分。

D.6.1.2　防腐砂浆及施工工艺

对本规范 9.3.4.2 条的说明。推荐使用《盐渍土地区公路养护维修及环境保护技术研究》项目研发的专利产品"水性混凝土防腐蚀涂层结构"。其配置的指标要求:干组分与水组分的质量比为 1:0.18~0.2。砂粒径小于 5mm,含泥量小于 3%。拌和时如用机器搅拌以 5min~10min 为宜,人工搅拌以目测均匀为准,流动度控制在 16~18。较深层修补时,为提高砂浆质量,在其中配部分碎石(粒径 5mm~15mm),砂浆中碎石的用量为砂浆中干组分质量的 33%。

D.6.1.3　防腐水泥混凝土及施工工艺

对本规范 9.3.5.2 条的说明。推荐使用《盐渍土地区公路养护维修及环境保护技术研究》项目研发的专利产品"抗硫酸盐侵蚀的自密实混凝土"。能有效阻止水和土壤中的盐分侵入混凝土,进而有效阻

止盐分对混凝土钢筋的腐蚀,防腐效果明显,施工简便。在浇筑时仅靠材料自身重力,无须任何振捣即可自动流平、密实成型;脱模后混凝土表面平整和光滑、气孔少;成型密实、均匀,硬化后无原始裂缝,密实性高,耐久性好。其配制的指标要求:每立方米防腐混凝土中各种材料用量为:水泥 297kg、粉煤灰 216kg、硅灰 27kg、砂 825kg、碎石 825kg、水 216kg、减水剂 4.86kg、增稠剂 0.54kg。要求砂子粒径<5mm,无土;碎石粒径 5mm~15mm;水泥中 C_3A 的含量<8%。设计抗压强度 30MPa。防腐水泥混凝土配制数据要求见表 D.3。

表 D.3 防腐水泥混凝土配制数据要求

名 称	设 计 要 求
坍落度	>25cm
扩展度	>60cm
扩展速度	7~12s
流空时间	3~6s

D.7 公路环境保护

D.7.1 对本规范 10.1.1.1.1 条的说明。盐渍土地区的环境破坏除与常规地区有相同的原因外,更为重要的是,盐渍土地区的生态平衡极端脆弱,一旦遭受破坏则很难恢复。减少工程对环境的干扰在盐渍土地区较常规地区有更为重要的意义。因此,盐渍土地区的环境措施应从规范设计施工程序以减少对环境的破坏和采用生物防护技术进行公路工程绿化两方面着手。设计单位应充分考虑盐渍土的特殊性质,了解所经路段可能的绿化品种,按公路所经路段的自然地理条件及沿线土体的土质、含盐条件选择适宜的植物品种,精心进行公路的生物防护及绿化设计。植物的选择与培育可参照本手册第 7 章或人民交通出版社出版的《盐渍土地区公路养护与环保技术》一书。

D.7.2 对本规范 10.1.2.2.5 条草灌混播的说明。如果只栽灌木不栽草,初期不能很好地起到减少地表径流侵蚀的作用。因为灌木生长初期比草本植物生长缓慢,覆盖地表能力较差;如果只种草,不栽保土灌木,长期护坡效果则不显著,持久护坡能力差,不能彻底控制水土流失,因此只有把两者配置在一起,上下结合、互利互助、取长补短,才能持久地保护公路边坡。可供混栽配置的保土植物种类很多,如紫穗槐和野牛草混栽效果极好,野牛草生长迅速,覆盖地面严密,杂草不易侵入,且能降低蒸腾强度,改善周围环境,对紫穗槐非常有利,紫穗槐地下部分有根瘤,可利用空气中的游离氮增加土壤氮素,有利于野牛草的生长蔓延。紫穗槐的根系发达,遇干旱时可深入土层吸收水分,野牛草有 75%的根系分布在 20cm 土层内,具有极强的耐旱能力,能经得住持久的干旱,紫穗槐和野牛草都能耐盐碱,对保护在盐碱地上的公路边坡非常有利。

D.7.3 对本规范 10.1.3 条盐碱土壤改良措施的说明。盐渍土地区公路及周边环境遭受破坏,后果多为土壤盐渍化程度加重,造成植物成片死亡。如果不及时治理,由于缺少植物荫盖,蒸发严重,土壤盐渍化会更严重。此时,应尽快采取行之有效的措施进行土壤改良,种植植物。

D.7.4 对本规范 10.1.4 条不同盐渍化环境下绿化物种选择的说明。公路绿化应根据"因地制宜,因路制宜,适路适树"的原则,在公路绿化实施前,对绿化路段进行现状和自然情况的调查,进行路段绿化总设计,使之具有目的性、整体性、稳定性和艺术性,充分满足公路绿化功能要求。盐渍土地区公路的边坡绿化应紧密结合公路路面施工实际情况,根据该地区植被的自然分布和水分的密切关系,尊重自然规律、因地制宜、适地适树、因害设防、化害为利,并注重微地形的差异,采取适宜的技术措施进行边坡绿化。按照盐渍土地区植被分布的特点,针对公路沙害类型的差异,分别采取相应的措施,合理配置林种、树种结构,乔灌草相结合,人工造林和封育恢复天然植被相结合,工程措施和生物措施相结合,并结合我国西部大开发战略的实施,采取技术组装配套与新技术、新材料应用试验相结合,切实解决盐渍土地区公路边坡绿化中盐碱土改良、耐盐植物种选择、栽植技术的关键问题以及盐渍土地区公路边坡防护等技术。